AF561904

par Boyer

UN MOT

SUR

DE GRANDS ÉVÉNEMENS,

ET SUR DE GRANDS

ET DE PETITS PERSONNAGES.

A DIJON,
DE L'IMPRIMERIE DE CARION.

UN MOT
SUR
DE GRANDS ÉVÉNEMENS,
ET SUR DE GRANDS ET DE PETITS PERSONNAGES;

PAR B........,

CHEVALIER DE LA LÉGION D'HONNEUR, FAISANT PARTIE DE LA 51.e COMPAGNIE DU BATAILLON SACRÉ, CAPITAINE AU 23.e RÉGIMENT D'INFANTERIE DE LIGNE.

Est-il un *citoyen* de si peu de vertu,
D'un esprit si rampant, d'un si faible courage,
Qu'il puisse regretter *Bourbon* et l'esclavage?

VOLTAIRE.

PRIX UN FRANC.

SE TROUVE

A DIJON, chez BIDAULT fils, Libraire, place Impériale;
A PARIS et à LYON, chez les Marchands de Nouveautés.

MAI 1815.

AVERTISSEMENT.

La révolution qui vient de s'opérer est l'ouvrage de la nation, et non celui de l'armée. Les braves qui la composent sont Français avant que d'être d'un parti, et l'on ne doit pas s'en prendre à eux si les Bourbons n'ont su inspirer aucune confiance. Ce n'est pas l'armée qui a voulu remplacer le drapeau national *par un pavillon* blanc *tant de fois foulé aux pieds daus les rangs ennemis, et qui ne rappelle à tous les Français que des idées de haines et de désastres; ce n'est pas l'armée qui a ordonné de livrer toutes les places dont les ennemis n'avaient pu s'emparer par force ni par ruse; ce n'est pas l'armée qui a consenti à la cession de la Belgique, ni au partage de tous les objets d'armement, d'équipement et de construction maritime qui étaient à Anvers; ce n'est pas l'armée qui a signé un traité de paix qui n'accordait à la France que treize vaisseaux: malgré tous les discours des partisans de l'ancien régime, l'armée est et sera toujours fidelle à l'honneur et à la patrie.*

UN MOT

SUR

DE GRANDS ÉVÉNEMENS,

ET SUR DE GRANDS

ET DE PETITS PERSONNAGES.

DE LA RÉVOLUTION.

Il fut des citoyens avant qu'il fût des maîtres.
Henriade.

LORSQU'EN 1789, fatigués de la dîme, des moines, de l'inégale répartition des impôts, des lettres de cachet, de l'usage arbitraire de tous les pouvoirs réunis dans les mains d'un seul, les Français brisèrent leurs fers et proclamèrent les droits imprescriptibles de l'homme, on vit la tyrannie agiter les brandons de la discorde, le fanatisme allumer les torches de la guerre civile, et les nations étrangères fondre en même temps sur la France pour s'en partager les dépouilles ; mais son génie fit entendre ces mots sacrés : LIBERTÉ, PATRIE ! et les enfans de la patrie et de la liberté marchèrent aux ennemis : de même que les brouillards du matin sont dissipés par les rayons brûlans du soleil, de même les phalanges mercenaires furent dissipées par les républicains.

Le vaisseau de l'état, parcourant une mer orageuse, fut souvent battu par la tempête ; et la république tantôt triomphante, tantôt près de succomber, cherchait vainement à écraser les cent têtes de l'hydre qui déchirait son sein : des hommes violens, à conceptions hardies, ne pouvant supporter aucun frein, se disputaient les rênes du gouvernement, et employaient indistinctement les proscriptions, le fer des assassins ou la hache révolutionnaire. Le nombre des victimes allait croissant. Aux états généraux avaient succédé l'assemblée constituante ; ensuite l'assemblée législative, la convention ; le directoire avait pris naissance dans celle-ci, et un triumvirat s'était formé dans le directoire même, quand Buonaparte, s'emparant du timon de l'état, fit cesser les convulsions de l'anarchie, cicatrisa les blessures de la France, et rendit la paix à l'Europe étonnée. Plusieurs années de prospérité furent l'œuvre d'un gouvernement fort et libéral, et tous les Français proclamèrent et saluèrent Napoléon *empereur.*

Cependant des hommes qui avaient porté les armes contre la France obtinrent des places, et bientôt des partisans de l'ancien régime occupèrent des premiers emplois. Alors les conseillers perfides s'agitèrent ; une guerre impolitique fut entreprise; une campagne plus extraordinaire eut lieu; une nouvelle coalition établit son foyer sur plusieurs points de l'empire, et même dans la capitale : les alliés abandonnèrent les aigles françaises; les traîtres se vendirent, et le Rhône, la Loire et la Seine virent déployer sur leurs bords ensanglantés les drapeaux de vingt peuples qui ne s'entendaient même pas.

La France consternée fixait ses regards sur ses soldats dispersés, lorsque des hommes, stipendiés à grands frais, firent entendre des cris séditieux, et annoncèrent un prince qui, après avoir lassé pendant vingt-cinq ans la générosité des souverains de l'Europe, se déclarait, *par la grâce de*

Dieu, roi de France, etc. Le droit d'hérédité est-il un titre que puissent faire valoir les descendans d'un souverain déchu? Un empire est-il comme une métairie qui appartient à un propriétaire? Les peuples sont-ils faits pour les souverains, ou les souverains sont-ils faits pour les peuples? Telles sont les questions que pourrait agiter une nation qui n'aurait pas combattu pendant quinze ans pour sa liberté.

DES BOURBONS.

Le peuple confiant, par Louis abusé,
« S'est lassé de son sceptre, et son sceptre est brisé. »
Henriade.

Après une révolution longue et orageuse, pendant laquelle les passions les plus violentes se sont exaltées et ont été mises en jeu, si un prince veut ramener un ordre de choses que cette même révolution a détruit, il doit trouver toute la résistance que ne peuvent manquer de présenter des hommes froissés par ce changement, et nécessairement de cette résistance doit naître la guerre civile.

Les Français sont divisés en deux partis : l'un, et ce n'est pas le plus considérable, tend continuellement à renverser tout ce qui s'est fait depuis vingt-cinq ans; et l'autre s'oppose à ce renversement dans la crainte de voir consommer sa ruine.

Les Bourbons ont reparu en France, et avec eux sont revenus tous les maux que la féodalité et le fanatisme religieux traînent à leur suite; leurs premiers pas ont été dirigés vers l'antre de la discorde, et leurs premières paroles ont été des insultes et des promesses trompeuses, répandues avec une généreuse profusion.

Le chef des Bourbons a *insulté* les Français, en se disant, *par la grâce de Dieu, roi de France* : grâces soient rendues aux siècles qui ont précédé la révolution, l'hérédité était tout, et la volonté du peuple n'était rien ! Il a *insulté* les Français en disant qu'il tenait *sa couronne du prince régent d'Angleterre* : grâces soient rendues aux lumières qui nous sont venues d'outre-mer, la nation n'avait reconquis son indépendance que pour recevoir un prince imposé par son ennemi ! Il a *insulté* les Français en datant son règne de la dix-neuvième année : les Français, depuis dix-neuf ans, n'étaient donc que des rebelles ? Il a *insulté* les souverains qui avaient fait de nombreux traités avec la république et avec l'empereur, puisque, s'il régnait depuis dix-neuf ans, les souverains n'avaient pu traiter qu'avec des rebelles. Cependant ce sont ces mêmes souverains qui ont ramené, à la suite de leurs *bagages*, la maison de Bourbon : grâces soient rendues à la reconnaissance du chef de cette maison ! Il a *insulté* la nation dans la personne de ses députés, par le *règle-*

ment concernant les relations des chambres avec le roi : grâces soient rendues aux vieilles idées des distinctions sociales !

Les Bourbons avaient dit : plus de *conscription !* plus de *droits réunis !* Les emplois civils et militaires sont maintenus, ainsi que le traitement de la légion d'honneur : mais le roi se croyait-il obligé *d'exécuter cela ?...* Il avait *dit*, mais il n'avait pas *promis*. Cependant la violence a été employée pour faire rejoindre les conscrits qui étaient dans leurs foyers. C'est à main armée qu'on a rétabli les droits réunis. Les employés civils et militaires étaient journellement renvoyés pour faire place aux émigrés. Le traitement de la légion d'honneur était réduit à moitié, et sa décoration prodiguée à des hommes perdus dans l'opinion publique. Toutes les promesses des Bourbons n'avaient donc pour but que de soumettre les Français au joug le plus humiliant.... Grâces soient rendues à la loyauté des Bourbons, ils traitaient la France comme un pays reconquis par les armes de ses anciens maîtres !

Les Bourbons ont reparu en France, et l'on a vu sortir comme de dessous terre, et s'avancer avec fracas, des hommes qui se disaient *issus d'anciennes familles :* et aussitôt on a rétabli cette différence accablante qui existait, avant la révolution, entre la *noblesse* et la classe nommée *roturière ;* et aussitôt on a donné la prééminence aux décorations de la monarchie féodale.

Quand on se disposait à élever des monumens aux royalistes de *Lyon*, de *la Vendée*, de *Quiberon*, ne prononçait-on pas la culpabilité des défenseurs de la patrie, et ne voulait-on pas faire insulter la nation par une poignée de factieux déhontés ? Sans doute la tyrannie, le fanatisme et la féodalité relevant leurs têtes hideuses, et s'applaudissant de la *restauration*, eussent gravé en caractères ineffaçables sur ces monumens : PASSANT, VA DIRE AUX NATIONS QUE LES HOMMES QUI SONT MORTS ICI, ONT PORTÉ LES ARMES CONTRE LA PATRIE ! Et quand on accordait des rubans et des croix de Saint-Louis à ceux qui avaient suivi *la ligne droite*, n'était-ce pas laisser croître les germes d'anarchie et de discorde, et ressusciter l'esprit de parti ? Il est constant qu'il n'y avait en France qu'un seul parti avant l'arrivée des Bourbons, et que pendant leur séjour il y en a eu trois bien prononcés. Telle a toujours été la conduite de cette maison, qu'elle n'a jamais cessé d'agir contre ses intérêts.

Depuis long-temps le procès des Bourbons est jugé, et, dans leur apparition en France, ils n'ont pas rappelé du jugement. On a dit : « Qu'un gouvernement héréditaire » présentait à la longue des princes inca- » pables de régner ». Louis XV se laissait gouverner par ses maîtresses; Louis XVI par une suite de ministres inhabiles; et Louis le *desireux*, bien plus que le *desiré*, se couvrant du manteau de la religion, obéïssait à des êtres qui se croyaient de grands génies, parce qu'ils étaient affamés : du reste mangeant bien, dormant mieux, il ressemblait au rat de la fable, retiré dans un fromage de Hollande, qui, *mordant*, *rongeant* de tous côtés, vivait en *pieux ermite*, et s'engraissait d'une sainte oisiveté.

Cependant des écrivains mercenaires déifiaient ce prince frappé de *nullité* absolue. Ils vantaient ses vertus, sa générosité, sa tendre sollicitude; et, tandis que la majorité des Français était placée sous le poignard de la réaction, et que des bandes d'assassins, sous le nom de *compagnies royales*, s'organisaient à Lyon, à Paris, dans la

Bretagne, etc., on écrivait : *Sa majesté travaille à la restauration du peuple français dont l'amour l'a rappelé au trône de ses pères.*

Pour avoir une idée juste de ce prince, il faut lire son portrait dans Montgaillard. Ce tableau, fait par un émigré, est de main de maître; il n'y manque, pour le rendre parfait, que l'*enlevement* des diamans de la couronne et la *spoliation* du trésor national. Les autres membres de la famille offrent quelques différences.

Le comte d'Artois fut toujours chargé de dettes et du mépris général. Ses hauts faits sont consignés dans les maisons de débauche.

Le duc d'Angoulême, non moins immoral que son père, croyait qu'une poignée de factieux, écume de la Méditerranée, lui suffirait pour conquérir un trône donné par les Français.

Un *petit* duc de Berry ne présente à tous les yeux que la sottise, la présomption et l'arrogance personnifiées.

Les malheurs de l'enfance de la duchesse d'Angoulême avaient intéressé tous les Français à son sort; mais sa conduite à Bordeaux a détruit la considération qu'on lui portait.

On se rappelle les propos du duc d'Orléans pendant le procès de Louis XVI, dernier roi de France, et l'on n'a pas oublié que son père, agent de la misère du peuple, fut le principal auteur de tous les excès qui ont souillé la révolution.

La conduite *pusillanime* du prince de Condé dans ses campagnes du Rhin (conduite qui fut suspecte au prétendant) offre un prince écrasé sous le grand nom de son aïeul.

Enfin, si on voulait achever ces portraits de famille, il faudrait présenter *ces princes qui n'ont rien appris et rien oublié* pendant vingt-cinq ans, cherchant à établir leur puissance et à se rendre redoutables en intrigant dans tous les cabinets de l'Europe; il faudrait montrer un *comte* de Provence dirigeant en 1789, du fond de son cabinet et sous l'habit du marquis de Favras, les troubles qui compromettaient la couronne de son frère; il faudrait faire voir un *comte* d'Artois, au milieu de sa *petite* cour et de ses *grands* ministres à Coblentz, en 1792, visant à renverser la république française, et à se placer sur le trône au préjudice de l'hérédité; il faudrait contempler dans le château des Tuileries, en 1814, d'Artois voulant enlever la couronne au comte de Lille, d'Angoulême la disputant à son oncle et à son père, et Berry la disputant à toute la famille : et, non loin des Capets, d'Orléans nourrissant dans sa pensée les prétentions de Philippe-Égalité, *d'odieuse mémoire*, et songeant à faire naître les troubles dont son père ne sut pas profiter.

DU GOUVERNEMENT EN 1814.

Il a, des citoyens détruisant tous les droits,
Selon ses intérêts, fait lui-même des lois.

PERSONNE ne peut douter que le système du gouvernement ne fût de faire rétrograder la nation de vingt-cinq ans, afin de la replacer plus facilement sous le *triple* despotisme des rois, des grands et des prêtres. Les atteintes données à la constitution, les entreprises, les usurpations des ministres, même leurs pas en arrière, ne tendaient qu'à démolir l'édifice constitutionnel pièce à pièce, jusqu'à ce qu'il n'en restât plus aucun vestige. Les insensés!..... ils ne se doutaient pas que les Français ne peuvent désapprendre ce qu'ils ont appris, et qu'il n'en est aucun qui croie réellement que la nation soit faite pour le roi. Les malheureux!..... ils ignoraient que ce n'est pas impunément qu'un gouvernement se joue de ses promesses et de la bonne foi des peuples. Ils avaient oublié tous les désordres qui suivent le bouleversement d'un état, et ils ne songeaient plus aux scènes sanglantes que les priviléges des nobles, l'égoïsme des prêtres et les fureurs de tous les partis, offrirent pendant la révolution.

Plus les circonstances sont difficiles, plus les gouvernemens ont besoin de l'appui des lois fondamentales de leur puissance ; et alors ce n'est pas aux peuples que la protection des lois est le plus nécessaire. La France avait accepté la constitution *anglomane* des Bourbons, et cette constitution a été violée par leurs ministres. Ces *génies* placés au-dessous de l'estime publique, et qui ne craignaient pas d'encourir l'indignation générale, voulaient persuader aux pairs de France « Qu'ils avaient une mission » bien autrement élevée que les députés, » et qu'ils n'étaient point réduits à s'occuper » des intérêts du peuple, parce qu'ils étaient » des hommes d'état.

» Le gouvernement avait garanti la liberté » de la presse, et il avait établi une cen- » sure destinée à détruire cette liberté; il » avait garanti le libre exercice des cultes, » et il obligeait les citoyens à observer des » fêtes que leur culte ne connaît pas; » il avait garanti que tous les Français » seraient égalcment admissibles aux emplois » civils et militaires, et il avait établi des

» écoles militaires où il n'admettait que des
» nobles, et où il devait prendre les officiers
» pour commander les armées; il avait ga-
» ranti l'oubli des votes et des opinions
» émis pendant la révolution, et les jour-
» naux soumis à la censure de ses agens,
» traitaient d'assassins et de brigands ceux
» qui ont émis des votes ou des opinions
» pendant la révolution ; il avait garanti
» que le pouvoir législatif serait exercé
» collectivement par le roi, la chambre
» des pairs et les députés, et tous les
» jours on publiait des actes auxquels
» on donnait force de loi, quoiqu'au-
» cune des chambres n'y eût concouru ;
» il avait garanti l'indépendance du pouvoir
» judiciaire, et arbitrairement il attaquait
» des jugemens inattaquables, et ses jour-
» nalistes nous prouvaient l'inutilité de la
» cour de cassation ; il avait garanti.....
» mais que n'avait-il pas garanti * ?........
» Et comme les Bourbons ont ordonné sans
» droit et promis sans garantie, ils ont éludé
» sans bonne foi, et exécuté sans fidélité **. »

---

* *Censeur.*

** Rapport de la commission des présidens du conseil d'état.

Ainsi les citoyens qui avaient cru gagner quelque chose au renversement de l'empereur, ceux qui pensaient que la gloire et l'intérêt de la patrie tenaient à la restauration, s'empressaient de courir au-devant des institutions sous lesquelles nos bons aïeux avaient eu le précieux avantage de voir les croisades, la ligue, la Saint-Barthélemy, les dragonnades, les lettres de cachet, les justices vénales, les justices seigneuriales, les sorciers, les capucins, les jésuites, et tant d'autres belles choses qui firent le bonheur et la gloire de la France dans les derniers siècles qui ont précédé la révolution.

DES CHAMBRES.

« Séduits par le tyran, vous teniez au sénat »
La place des *Blacas*, non celle de l'état.
Henriade.

« Les lois qui protégent les droits civils des » nations, dérivent de la constitution ; elles » doivent périr ou fleurir avec elle. Or ce » n'est point là l'intérêt d'un individu seule- » ment ou d'un parti, c'est l'intérêt de la » nation tout entière ; et quand les chambres » ont fait l'abandon délibéré de la liberté de » la presse, en renversant la constitution, » elles ont détruit leur pouvoir de faire des » lois, et elles ont prouvé que la majorité » des membres avait vendu la liberté de » leurs commettans : la certitude de sacrifier » leurs propres droits en sacrifiant ceux de » la nation, n'a pas suffi pour retenir ces » ames lâches et corrompues. Les ministres » n'ont été entreprenans que parce que les » chambres étaient faibles et sans courage*. »

* Extrait du *Censeur.*

DE L'ANCIENNE NOBLESSE.

L'honneur ne fut jamais où la vertu n'est pas.

Tous les peuples ont accordé des honneurs, des dignités et des récompenses pour des services rendus à l'état ; et ce sont ces récompenses, ces dignités et ces honneurs qui ont constitué une classe privilégiée, désignée sous le nom de *noblesse* : mais les descendans de ceux qui avaient bien mérité de la nation n'ont pas obtenu chez tous les peuples les priviléges de leurs pères ; et, quand par fois ces priviléges leur sont parvenus, ils les ont dus au consentement libre de la patrie, qui voulait les mettre dans l'obligation d'ajouter leurs services aux services qui avaient distingué leurs familles. Les peuples n'ont jamais entendu flatter l'orgueil de leurs concitoyens, et encore moins s'abaisser devant leur ouvrage.

A mesure que l'austérité des mœurs est disparue, et que les institutions ont vieilli, les hommes privilégiés se sont exemptés d'avoir des vertus et de la valeur, puisque leurs ancêtres avaient été braves et vertueux. Cependant, héritiers de parchemins qui devenaient dans leurs mains des preuves de dégénération, ils ont continué d'exiger des peuples toute la déférence et toute la considération dont ils n'étaient pas dignes; et dans leur délire ils se sont crus des êtres supérieurs.... Abreuvés d'humiliation depuis plusieurs siècles, révoltés de voir qu'on disposait arbitrairement de leurs biens, de leur liberté, de leur vie, les citoyens ont osé regarder ces individus d'anciennes familles, et ils n'ont vu que des hommes couverts tout à la fois d'infamie et de dignités : la foudre frappant un vieux chêne a un effet moins prompt que l'anathème lancé par la nation sur la tête des nobles.

De toutes les familles privilégiées dont la France croyait s'honorer avant 1789, il en est peu qui aient servi l'état ou le souverain au moment de la révolution. Tous ces descendans de grands hommes, après avoir refusé les dons gratuits que le roi leur demandait pour sortir du labyrinthe où ils l'avaient engagé, et après n'avoir pas voulu consentir au sacrifice de la partie la plus odieuse de leurs priviléges, ont préféré abandonner leur chef au milieu de l'orage, et solliciter auprès des puissances étrangères l'envahissement de la patrie ; ils ont préféré s'enrôler sous les étendards de Brunswick pour sauver et la dîme, et la féodalité. Quand les souverains connaîtront mieux leurs intérêts et leur gloire, ils s'occuperont moins de la fortune de quelques particuliers, et davantage du bonheur des peuples.

S'il y avait encore en France, au commencement de 1814, un reste de préjugé en faveur des ducs, des comtes, des marquis, dont la coalition nous a fait présent, leur conduite, depuis que la trahison les a ramenés parmi nous, a dû le détruire, et prouver à tous les Français que les nobles, après avoir été sévèrement punis, ne sont nullement corrigés. Leur insolence, leur audace ont été si grandes, qu'il fallait faire parade d'*émigration*, ou avoir *déchiré* le sein de la patrie, pour être distingué à la cour. Ces hommes d'*anciennes* familles se pressaient autour du trône pour obtenir la récompense de leurs *nobles* travaux ; et, tandis que sous Napoléon les emplois étaient le partage des lumières et des talens, ils étaient devenus, sous les Bourbons, le patrimoine de l'*ancien régime*, et de ceux qui avaient entretenu le feu dévorant de la guerre civile.

Déjà il était question de remettre en vigueur un *édit royal* qui interdisait les places d'officiers aux Français qui ne pourraient faire preuve d'un certain nombre de *quartiers*, et l'on avait dit insolemment : *Qu'il fallait purger l'armée*. Mais, s'il est facile de faire naître de nouveaux abus, il n'est pas facile de faire revivre des abus détruits.

« Un peuple peut bien souffrir qu'on » exige de lui de nouveaux tributs, de nou- » velles levées; il ne sait pas s'il ne retirera » point quelqu'utilité de l'emploi qu'on fera » de l'argent et des levées qu'on lui demande: » mais quand on veut le priver de l'exercice » de tous ses droits, et le replacer sous la » plus dure et la plus honteuse servitude, » alors il ne sent plus que son malheur ; il » y ajoute l'idée de tous les maux qui sont » possibles, et, se voyant exposé aux plus » affreuses vengeances, sa résistance devient » une vertu, et la valeur et la constance lui » sont nécessaires *. »

« On chercherait vainement à se dis- » simuler les intentions des nobles ; il

* Montesquieu. *Grandeur et Décadence de l'Empire romain.*

» n'est pas possible de douter qu'ils ne
» soient encore préoccupés des idées de
» faire revivre les institutions de l'ancien
» régime. Il semble, à la vérité, que l'ex-
» travagance de ce dessein, et la masse
» effrayante d'intérêts et d'opinions qu'il
» faudrait détruire pour l'exécuter, nous
» garantissent suffisamment qu'on n'en ten-
» tera pas l'exécution. On sait bien qu'ils ne
» feraient aucune tentative trop hardie ;
» mais on sait aussi que leur orgueil se
» nourrit des pensées les plus folles, que
» leur étourderie et leur profonde igno-
» rance ne leur permettent pas de voir le
» danger qu'il y aurait pour eux à vouloir
» les réaliser *. »

---

* *Censeur.*

DU CLERGÉ.

On les entend mêler, dans leurs vœux fanatiques,
Les imprécations aux prières publiques.

Henriade.

Il est impossible de parcourir les pages de l'histoire du monde, sans rencontrer des princes qui ravagent des empires pour obéir à leur insatiable ambition, ou pour satisfaire leur cruauté réfléchie, mille fois plus dangereuse encore, et sans être arrêté à chaque pas par des prophètes, des bramines, des muftis, des jésuites, des inquisiteurs, des prêtres de toutes couleurs, qui vous ordonnent au nom du ciel, de la terre, de la lune, du feu, ou d'un dieu qu'ils outragent, d'obéir à leur voix et de fléchir les genoux devant leurs idoles, sous peine des mauvais génies, du tartare, de l'enfer, etc., etc., etc. Que l'esprit de l'homme est étrange!...... Les Alexandre, les Tamerlan, les Thamas-Kouli-Kan, les Tibère, les Néron, frappés par la mort, sont rentrés dans le néant, et les nations ont trouvé la paix sous de meilleurs princes : mais les sacrifices des payens, les purifications des bracmanes, l'intolérance des catholiques et les bûchers de l'inquisition, n'ont laissé aucun repos aux peuples de la terre. Soumettre, régner ou frapper, furent toujours les maximes des prêtres dans toutes les religions passées, présentes et futures.

En orient, le christianisme naissant occasionne les plus grands troubles; Charlemagne saccage la Saxe et la Prusse par zèle pour la religion; Mahomet, autre fanatique, soumet les peuples à son culte par le tranchant de son cimeterre; Luther et Calvin ensanglantent l'Allemagne pour soutenir leurs subtilités théologiques; les papes envoient périr en Palestine les chrétiens croisés; Charles IX ordonne la Saint-Barthélemy; les jésuites assassinent Henri III et Henri IV; les Espagnols convertissent les Péruviens, le crucifix d'une main, le fer de l'autre; l'inquisition brûle les hérétiques dans ses auto-da-fé; enfin, sur toute la terre, on ne voit que bourreaux et victimes: et tandis que les peuples, fidelles à la religion de leurs pères, tombent sous le glaive du fanatisme religieux, les prêtres d'un Dieu de paix entonnent des cantiques, s'emparent et des biens des malheureux *damnés*, et des biens des pécheurs *repen-*

tans qui veulent acheter une place dans le ciel.

De là ces possessions immenses du clergé; et, comme s'il lui avait été recommandé de cumuler les richesses et les honneurs, après avoir nommé des papes, des cardinaux, des archevêques, des abbés, des chanoines, des, etc., etc., il établit une ligne de démarcation pour séparer le *bas* clergé du *haut* clergé.... Vanité des vanités!

C'est ainsi qu'abusant de la crédulité des peuples et de la faiblesse des princes, le clergé était parvenu à se créer une puissance qui menaçait de soumettre toute la terre, et qui y aurait réussi infailliblement, si, après avoir prêché dans son enfance l'*obéissance passive des lois*, il n'eût donné par la suite l'*exemple de l'insubordination la plus effrénée;* si, toujours orthodoxe dans sa croyance, il ne s'était montré encore plus *dépravé* dans ses mœurs, et si sa conduite n'eût offert l'alliance monstrueuse de la *pureté* de la foi avec tous les *vices* de l'ame.

Mais, déchirant avec effroi les pages sanglantes de l'histoire où ces faits sont consignés, si l'on ne considère le clergé dans sa conduite que depuis la révolution, on trouvera qu'il justifie toujours le reproche qu'on lui adresse, d'avoir cherché à usurper, dans tous les temps, le *pouvoir absolu ;* on trouvera cet esprit d'*intolérance* que les catholiques n'ont cessé de manifester (à quelles intentions avait-on dressé, en 1814, un état statistique des protestans qui sont en France ?); on reconnaîtra avec douleur que les *ministres* de Dieu, trahissant à la fois leurs devoirs de prêtres et de citoyens, n'ont pas toujours *prêché l'évangile ;* et qu'ils ont scandalisé la maison du seigneur, comme l'avaient fait leurs chers confrères dans le temps de la ligue, parce que les prêtres de tous les siècles veulent avoir des honneurs, du crédit, des richesses, et sur-tout une grande prééminence dans l'état.

Toutes les actions, tous les discours, les mandemens même des évêques, pendant le passage des Bourbons, ne peuvent être attribués qu'à l'esprit de vertige dont la main céleste les a frappés. Ils ont dit : « Qu'il » fallait obéir à l'empereur, puisque Dieu » le ramenait en France pour nos péchés ». Il me semble qu'ils auraient dit avec plus de vérité : *Qu'il fallait obéir à l'empereur, puisque l'enfer avait ramené les Bourbons pour faire connaître les prêtres.*

Trois choses dirigent le clergé : 1.° la domination universelle ; 2.° l'envie de ressaisir la dîme et tous les biens qui ont été entre leurs mains ; 3.° la soif de la vengeance. Il est vrai que la religion défend la vengeance ; mais la vengeance est le plaisir des dieux. La révolution a détruit la dîme, et la constitution maintiendra la vente des biens nationaux ; enfin le champ de mai, en apportant une constitution *libérale* qui garantisse à chacun sa liberté, la sureté de sa personne, de sa propriété, de sa pensée et de sa conscience, assignera d'une manière immuable la place du clergé, et le guérira radicalement de cette cruelle maladie (l'usurpation de la souveraine puissance) qui l'a fait bannir de plusieurs états.

Le clergé ne retrouvera jamais la force et l'éclat qu'il a perdus ; l'esprit de persécution dont il a été animé depuis sa naissance, n'est plus à redouter. Cependant, si l'on n'y prend garde, sa tendance sera toujours vers le despotisme : il ne désespéra jamais. Quand les prêtres ne peuvent *marcher*, ils *rampent*, et enfin ils *arrivent*. Il est donc à desirer pour le repos de la France, l'édification des catholiques, et sur-tout pour l'honneur du clergé, qu'il reçoive une organisation telle que *la religion recouvre son influence* en devenant l'*appui des lois*, et qu'elle tende à *former* des citoyens *. Il faut que la conduite des curés, qui sont avilis depuis de longues années, et qui sont ennemis *ipso facto* d'un gouvernement libéral, soit sujette à la censure des notables et des vieillards de leurs paroisses, qui en rendront compte au ministre des cultes par l'intermédiaire des commissaires du gouvernement, afin que *tout arbre qui ne porte pas de bon fruit soit coupé et jeté au feu.*

Quand le nombre des grandes dignités ecclésiastiques serait réduit d'un tiers, et que des fonds provenans de cette suppres-

---

* « Une des causes de la ruine de la religion, c'est » l'abus qu'en ont fait ses ministres pour consolider » le despotisme. Ils ont enseigné que les rois ne te- » naient leur puissance que de Dieu, et que cette » puissance n'avait d'autres bornes que celles qu'il lui » plaisait d'y mettre par leur organe. L'autel et le » trône ont donc toujours marché ensemble, et il a » existé entre Dieu et le roi un traité d'alliance dont » leurs ministres, qui en avaient fait les frais, en ont » retiré les plus grands avantages. »

(Censeur.)

sion on augmenterait la portion congrue de certains curés de campagne, les choses n'en vaudraient pas pire; mais, si cette réduction n'est pas possible, on trouverait encore de quoi augmenter le traitement des curés pauvres, en réduisant d'autant celui des prélats. Combien de citoyens respectables élèvent dignement leurs familles nombreuses avec la moitié des revenus des évêques!

DES PAPES.

> La trahison, le meurtre et l'empoisonnement,
> De leurs pouvoirs nouveaux fut l'affreux fondement.
>
> *Henriade.*

Il est écrit : *Mon royaume n'est pas de ce monde.* Cependant les *successeurs de saint Pierre* ont, par esprit d'*humilité*, réuni la triple couronne à leur mitre, et ils ont prétendu s'asseoir *modestement* sur le trône du monde, et commander aux hommes comme à des esclaves. Quoique la doctrine de l'évangile n'ait rien de commun avec la *rédaction* d'un traité, la *direction* d'une bombe ou une *question* de loi, ces *serviteurs* des *serviteurs* ont foulé à leurs pieds des empereurs d'Allemagne, excommunié des rois de France, délié des peuples du serment de fidélité envers leurs souverains, envoyé les princes chrétiens égorger, par esprit de charité, les mécréans qui étaient en possession d'une petite cité détruite ; et tandis qu'ils lançaient d'une main les foudres du Vatican, de l'autre ils agitaient, en vertu de la *science certaine* et de la plénitude de la *puissance apostolique*, les torches de la discorde dans les états des princes croisés.

Qu'on ne pense pas que j'aie l'intention de dérouler l'histoire scandaleuse des papes, et de présenter le tableau de l'ignorance, de la simonie, du concubinage et de tous les vices qui ont déshonoré le pontificat ; je ne parlerai pas de Pie VII, qui paraît si faible pour soutenir le poids de sa bonne fortune, qu'il semble qu'un mauvais génie se soit emparé du Vatican, et préside aux conseils de sa *sainteté* : je veux seulement faire observer que par-tout où les évêques de Rome ont pénétré, ils ont voulu établir leur puissance ; que, lorsqu'ils ont trouvé des obstacles, tous moyens possibles pour les détruire ont été adoptés par eux, et que dans tous les états qui se sont soustraits à la tyrannie papale et à l'influence des principes ultramontains, les prêtres ne peuvent abuser de l'autorité spirituelle pour défendre des usurpations, ou pour soutenir les droits temporels qui sont placés sous l'égide des lois.

DE NAPOLÉON.

« Le champ de la victoire est le temple où nos mains »
Doivent montrer aux rois le plus grand des humains.
» France, reprends sous lui ta majesté première. »

Henriade.

S'IL est une époque remarquable dans la révolution, c'est sans doute celle où les Français, après avoir été placés par la trahison, plus encore que par la force des événemens, sous le système des partisans de la féodalité, ont fait une seconde fois la conquête de leurs droits, de leur liberté, de leur gloire nationale, et ont rejeté de leur sol, également pour la seconde fois, une famille qui ne connaissait que le droit d'*hérédité*, et qui voulait les ramener, grâce à la sagacité des Montesquiou, des Blacas, des Dambray et compagnie, aux temps de l'inquisition, des guerres féodales, des guerres de religion, et les replacer sous le règne de *Louis-le-Débonnaire*, qui fut déposé par une cohue de prêtres et de moines... Temps heureux pour la *noblesse* et plus encore pour le clergé! « Admi-» rable système dont la durée seule fait » l'éloge » *, et présente à nos yeux le gage inappréciable du bonheur dont nos pères jouirent pendant douze siècles, et que les lumières de la philosophie ont fait disparaître!

Il est des événemens que le ciel a fixés irrévocablement et que les passions de l'homme empêchent de prévoir. Vingt jours ont suffi à Napoléon pour se rendre des côtes de la Provence au sein de la capitale. Ce ne sont ni les soldats, ni les habitans sur la route de Cannes à Paris qui l'ont ramené; mais son retour est l'ouvrage des partisans de l'ancien régime, qui, après avoir détaché la masse des Français du gouvernement des Bourbons, ont forcé le chef de cette maison à sortir d'un empire dont il s'était emparé en vertu du *droit divin* et par le libre exercice de son *autorité royale*.

Français, Napoléon est sur le trône, et ce ne sont pas cinq à six cent mille baïonnettes de nos *alliés* qui l'y ont porté. Naguère nous étions avili dans l'esprit des nations; aujourd'hui la gloire nous est

* Châteaubriant.

rendue : nous étions méprisés par ceux qui prétendaient nous gouverner, et l'empereur nous rend hommage en déclarant à l'univers qu'il nous doit son trône. On nous parlait bonheur en nous plongeant dans les fers du despotisme et de la superstition, et nous retrouvons, avec notre liberté, l'égalité de nos droits, la sureté de nos personnes et de nos biens. La trahison nous avait fait perdre notre indépendance politique, et les aigles victorieuses, que l'honneur n'a jamais abandonnées, nous replacent au premier rang des nations.

Napoléon est sur le trône : les acquéreurs de domaines nationaux ne seront pas spoliés; les campagnes ne seront plus rattachées à la glèbe; les curés ne demanderont plus la dîme; les manufactures ne seront plus dépouillées de leurs matières premières par un étranger jaloux de leur prospérité; le commerce reprendra son activité dans l'Europe; les arts ne seront plus enchaînés par le fanatisme et par une tyrannie jalouse des trophées de la nation; l'armée ne sera plus abreuvée d'humiliations et de dégoûts; les braves qui la composent auront des droits sacrés aux honneurs et aux récompenses, et la France ne verra plus des princes *pusillanimes* placer leur confiance dans l'étranger et s'environner de leurs troupes *mercenaires*.

Napoléon est sur le trône, et l'enthousiasme de 1789 s'est manifesté, parce que l'amour sacré de la patrie est inné avec les Français; parce que les Français de 1815 sont ou les Français de 1789, ou les enfans de la liberté. Alors la France, par une harmonie miraculeuse, ne présentait qu'un peuple d'amis; elle brisait un joug appesanti sur sa tête depuis plusieurs siècles; elle détruisait, par le seul effet de sa volonté, le système du despotisme politique et sacerdotal : aujourd'hui la France resserre entre ses enfans les nœuds de cordialité que la tyrannie avait détachés; elle rétablit la liberté publique qu'on avait détruite, l'égalité civile qui n'existait plus, la liberté de la presse que les Montesquiou avaient *ajournée*, la liberté des cultes que les prêtres avaient enchaînée, et elle proscrit pour toujours le règne des abus qu'on voulait rétablir. Alors la nation, sans officiers, sans généraux, repoussait l'Europe armée contre elle, battait les vieux tacticiens du dehors et anéantissait les traîtres du dedans : aujourd'hui elle compte sous sa bannière *tricolore*, avec quatre cent mille braves illustrés par vingt ans de travaux, douze cent mille Français qui sont encore les citoyens de 1792, et, à la tête de tous ces défenseurs, elle retrouve des généraux qui n'ont point trahi sa cause et qui suivront toujours le héros immortel de Marengo, d'Austerlitz, d'Iena, etc.

DES BOURBONISTES.

> Des soldats de Bourbon, une faible cohorte,
> Du temple de la gloire environne la porte :
> Talleyrand la commande et Raguse le suit.
> La France la méprise et l'étranger en rit.

PEUT-ON, sans cesser d'être Français, soutenir la cause d'un prince dont le cœur paternel appelle sur la France tous les malheurs d'une guerre civile et d'une guerre étrangère? cependant des gens que de vieux préjugés, et de plus vieux parchemins rendent ridicules ; d'autres qui n'ont rien à perdre et rien à gagner avec les Bourbons, mais qui pensent qu'il est du *bon ton* de se montrer leurs partisans ; des prêtres que leur conduite ne rend pas plus respectables ; de *pieuses* femmes que les amours et les plaisirs ont renvoyées dans le désert ; des hommes sans naissance, sans fortune, sans crédit, qui ne peuvent rattacher leur existence qu'à un bouleversement général ; enfin des artisans, voire même des sergens, des recors, dont le *salaire* dirige toute la probité, et qui disent en 1815 *vive le roi!* comme ils criaient en 1792 *vive la république!* nous rappellent les siècles glorieux où la France avait une *noblesse*, un *clergé* et un *tiers état*. Les gens *comme il faut*, qui composent la noblesse et le clergé, tout en invoquant nos *chers alliés* les Cosaques, les Calmoucks, les Bulgares, les Prussiens, chantent les *louanges spirituelles* de Louis-Stanislas-Xavier qui a détruit la souveraineté du peuple; qui organisait le retour de la féodalité dans ses titres et dans ses priviléges; qui préparait la domination des ci-devants; qui travaillait à l'abolition des libertés de l'église gallicane; qui voulait l'anéantissement du concordat et l'intolérance d'un culte exclusif.... Honneur soit rendu aux Bourbonistes de la noblesse et du clergé! Le tiers état qui, de même que les Juifs attendent la venue du Messie, soupire après le retour de ces *nobles félons* qui ont livré la France aux armées étrangères; qui l'ont privée du fruit de vingt-cinq ans de combats et de gloire; qui ont obtenu la dislocation de l'armée, la dispersion de ses officiers, l'avilissement de ses soldats, la suppression de leurs dotations, la privation de leur solde de retraite, le renvoi de l'hôtel des invalides des braves mutilés au champ d'honneur ; ce tiers état parle de la bonté, de l'équité, de la clémence, de la générosité des Bourbons, et sur-tout de la confiance que doit inspirer un prince qui n'a pu trouver dans l'armée, dans sa maison, dans les gardes nationales, et même dans le peuple, aucun bras pour soutenir sa cause et pour défendre son hérédité et sa légitimité...... Honneur soit rendu aux Bourbonistes du tiers état! Sans doute que ces *preux* et *fidelles* serviteurs espèrent des titres de noblesse semblables à ceux qui ont été donnés à la famille de *l'assassin Georges Cadoudal*.... Mais les *roturiers*, les *vilains* sont-ils pétris du même limon que les *nobles* et les *prêtres*, et doivent-ils leur être assimilés?......

DE LA GUERRE CIVILE.

C'était vous, ô Bourbons, qui conduisiez leurs bras !

S'IL était possible que l'on parvînt une seconde fois à armer l'ami contre l'ami, le frère contre le frère, et le père contre le fils, pour soutenir la cause des Bourbons, nous déroulerions aux yeux de ces frénétiques les affreux tableaux du siége de Lyon et des massacres de la Vendée ; nous leur montrerions les hameaux abattus, les villages incendiés, les villes saccagées, les filles outragées sur le sein de leurs mères, les femmes égorgées à côté de leurs maris expirans, les enfans écrasés sous la pierre dans leurs berceaux, les vieillards palpitans sous le glaive d'une soldatesque furieuse, et nous leur dirions : TOUTES CES HORREURS, COMMISES PAR L'UN ET L'AUTRE PARTI, FURENT LE RÉSULTAT DES TENTATIVES CONTRE LA LIBERTÉ ET CONTRE LA VOLONTÉ DE LA NATION ; ET C'EST A TRAVERS DE SEMBLABLES HORREURS QUE VOTRE LOUIS-LE-DESIRÉ VEUT REMONTER SUR LE TRÔNE.

DE LA FÉDÉRATION.

L'union fait la force.

Les enfans de Brutus conspirèrent contre la liberté de Rome en faveur des Tarquins : la mort, par les ordres et sous les yeux même de leur père, fut le prix de leur trahison. L'austère vertu de ce fier Romain n'est pas parvenue jusqu'à nous : mais comment traiter ceux qui cherchent à égarer l'esprit public dans la plus sainte des causes? Comment traiter ceux qui trament contre l'indépendance nationale? Comment traiter ceux qui appellent sur la patrie le feu, l'esclavage et la mort?.....

La force ménage la faiblesse, la magnanimité méprise les lâches; mais la prudence veille sur les traîtres. Au moment du danger, les princes achètent des satellites, les peuples libres se fédèrent. Que l'Europe soit donc témoin, pour la seconde fois, de la fédération qui lie tous les Français contre une impie coalition! A notre élan national, que les tyrans reconnaissent notre amour pour la patrie et pour le souverain ; que du nord au midi, du levant au couchant, leurs farouches sbires entendent notre serment de VAINCRE POUR LA CONSERVATION DE NOS DROITS, ou de NOUS ENSEVELIR AVEC NOS ENNEMIS SOUS LES RUINES DE NOS CITÉS ; qu'ils l'entendent ce serment inviolable, et qu'ils en pâlissent !.... Et tandis que nous, les enfans de vingt ans de combats et de triomphe, nous, les défenseurs de la patrie, marcherons aux ennemis, que nos braves frères les gardes nationales veillent au maintien des lois, à la sureté des citoyens et au respect des propriétés !

DU CONGRÈS DE VIENNE.

. . . . Nascitur ridiculus mus.

Il n'est aucune des puissances réunies en congrès à Vienne, pour travailler au repos du monde, qui ne se soit occupée à préparer des changemens politiques et à s'agrandir aux dépens des états les plus faibles. Elles n'ont respecté ni la liberté de la Pologne, ni la liberté de la Saxe, ni celle de Gênes, et leur déclaration du 13 mars dernier prouve qu'elles ne sont pas plus disposées à ménager la liberté et l'indépendance de la France. C'est ainsi que ces puissances se jouent, à la face de la terre, des promesses solennelles qu'elles ont faites dans les temps du danger. Mais l'Europe est au moment où il est impossible aux souverains de faire aimer la servitude, et la France saura défendre contre une injuste coalition, comme elle l'a fait en 1792, sa volonté, ses droits, son indépendance et le souverain qu'elle a choisi. Les peuples ne devraient pas oublier ce que les Français ont fait depuis vingt-cinq ans.

SITUATION DE L'EUROPE.

> Rois qui jugez la terre, et dont les mains coupables
> Osent tout entreprendre, et ne rien épargner,
> Que *Louis détrôné* vous apprenne à régner!
>
> *Henriade.*

UNE nation brave et généreuse s'est révoltée contre ce qui portait le caractère de la lâcheté et de l'oppression; et les lâches et les oppresseurs ont quitté le sol de la patrie, et les citoyens se sont exaltés en raison des menaces qu'on leur a faites. Les Français ne veulent, ne desirent, ni ne redoutent la guerre. Leur liberté, leurs droits, une constitution et des lois qui conviennent à leurs mœurs, à leurs intérêts, à leurs habitu des et à leurs besoins nouveaux, seront désormais le mobile de toutes leurs actions. Combattre leur indépendance, ce serait rallumer un incendie que nulle puissance ne pourrait éteindre. Alors les événemens se presseraient, et les Français, abjurant les lois universelles et sortant de l'ordre de la nature, opéreraient encore une fois les actions et les prodiges qu'une époque terrible de la révolution vit naître ; alors tous les peuples, établissant une confédération générale, étoufferaient à jamais le despotisme et la tyrannie de ces princes qui ne veulent voir par-tout que des esclaves.

La France est éclairée, elle connaît ses droits et ceux des nations; elle a le sentiment de sa force et ne veut pas reprendre les chaînes qu'elle a brisées, ni se soumettre à des prestations seigneuriales ou ecclésiastiques dont elle s'est affranchie, et encore moins recevoir une dynastie qui fait depuis vingt-cinq ans le *tourment* des nations, et dont l'incapacité, reconnue par l'univers, a provoqué deux fois l'expulsion.

Sans doute la France a fixé l'attention de l'Europe, mais l'Europe doit aussi fixer ses regards sur ce qui se passe hors de France. La Pologne, qui semble éternellement destinée à combattre pour des intérêts étrangers, attend avec impatience le moment où elle pourra secouer le joug des puissances qui la tiennent asservie. La Saxe, dont les revers ont augmenté la fermeté et le courage, veut à tout prix recouvrer ses limites et son souverain. Les rois et les princes d'Allemagne, mécontens des prétentions des grandes puissances, n'ont plus intérêt à fournir leurs troupes pour resserrer leurs chaînes. L'Italie, qui se refuse à un joug étranger, a déjà pris les armes pour obtenir son indépendance. « La Turquie est prête » à quitter un système de politique qui tend » infailliblement à faire flotter les drapeaux » des czars sur les tours de Sainte-Sophie, » et à faire sortir encore une fois les con- » quérans de l'Europe des déserts de la Tar- » tarie. L'Espagne offre le théâtre d'une » réaction qui menace de se terminer par » le despotisme le plus avilissant ou la plus » complète anarchie *. »

Il est étonnant que l'Europe s'obstine à ne pas reconnaître son véritable ennemi dans un gouvernement qui, parlant toujours de la liberté et des droits des peuples, de l'indépendance du continent, de la cause sacrée de la justice et de l'humanité, a réuni à ses vastes possessions Malte, Corfou, etc.; qui fonde un royaume en Hanovre, un royaume en Hollande et en Belgique; qui couvre toutes les mers de ses vaisseaux, et qui a usurpé le commerce des deux mondes.

---

* *Censeur.*

Quelle que soit la conduite des souverains dans la crise actuelle, la France n'ambitionne que de consolider par la sagesse de ses lois son pacte social, et d'imposer silence aux ennemis qui voudraient la replonger dans un chaos révolutionnaire. Et, puisqu'elle a retrouvé l'immortel génie qui organisa si souvent la victoire, elle observera aussi avec le calme de la force et le sang froid de la valeur la conduite de l'Europe. Les Français seront libres, parce qu'ils veulent être libres; leurs aigles triompheront encore parce qu'elles combattent pour la liberté.

FIN.

Nota. Page 26, ligne 19, *à ces mots* tous les discours, *ajoutez* des prêtres.

TABLE
DES CHAPITRES.

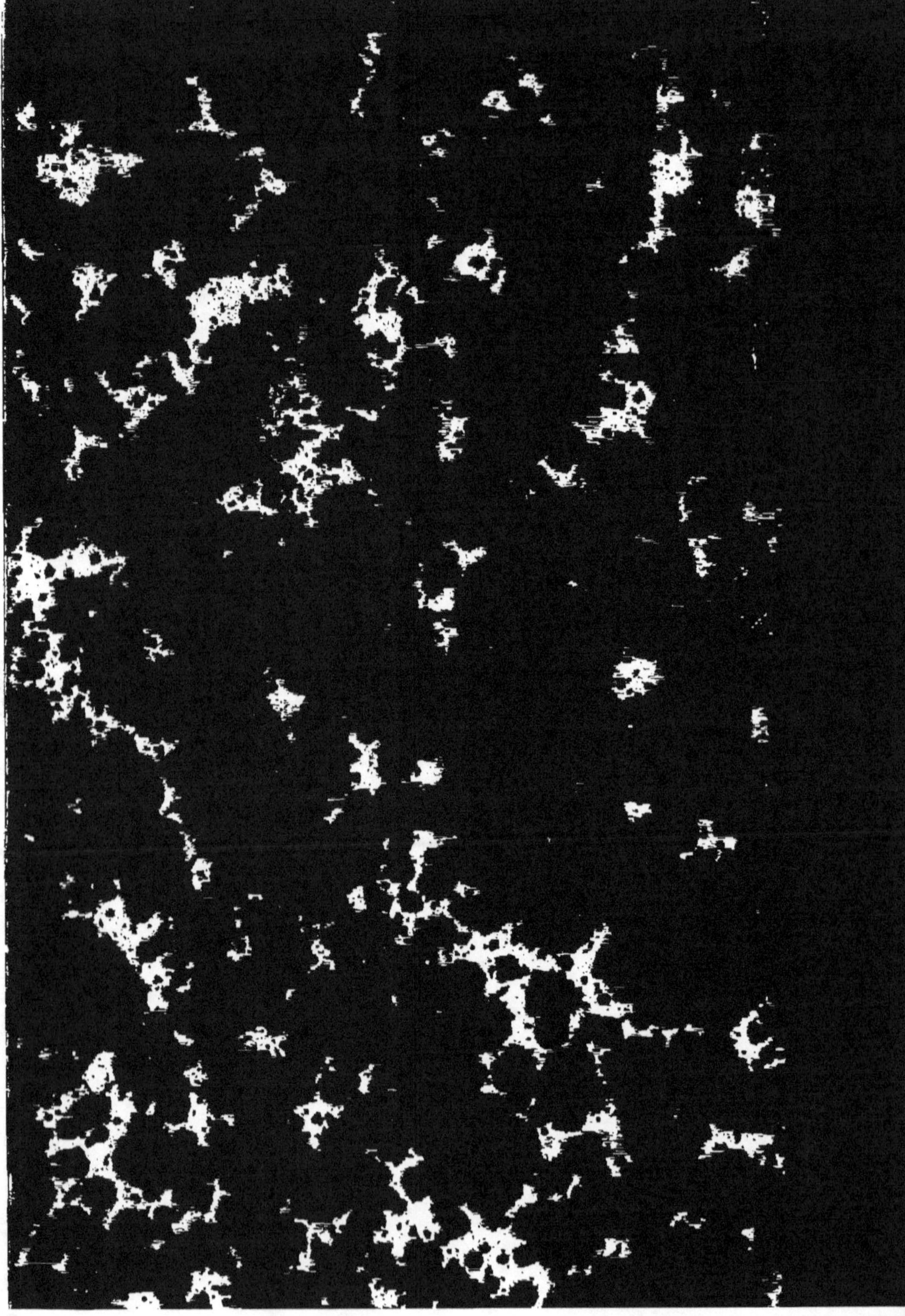

www.ingramcontent.com/pod-product-compliance
Lightning Source LLC
LaVergne TN
LVHW010054230826
846091LV00005B/1940
9782013258852